BEI GRIN MACHT SICH IHR
WISSEN BEZAHLT

- Wir veröffentlichen Ihre Hausarbeit,
  Bachelor- und Masterarbeit

- Ihr eigenes eBook und Buch -
  weltweit in allen wichtigen Shops

- Verdienen Sie an jedem Verkauf

Jetzt bei www.GRIN.com hochladen
und kostenlos publizieren

Christian Stephani

Das Sportsystem China

GRIN Verlag

Bibliografische Information der Deutschen Nationalbibliothek:

Die Deutsche Bibliothek verzeichnet diese Publikation in der Deutschen National-
bibliografie; detaillierte bibliografische Daten sind im Internet über http://dnb.d-
nb.de/ abrufbar.

Impressum:

Copyright © 2010 GRIN Verlag GmbH
Druck und Bindung: Books on Demand GmbH, Norderstedt Germany
ISBN: 978-3-640-92076-1

Dieses Buch bei GRIN:

http://www.grin.com/de/e-book/172245/das-sportsystem-china

GRIN - Your knowledge has value

Der GRIN Verlag publiziert seit 1998 wissenschaftliche Arbeiten von Studenten, Hochschullehrern und anderen Akademikern als eBook und gedrucktes Buch. Die Verlagswebsite www.grin.com ist die ideale Plattform zur Veröffentlichung von Hausarbeiten, Abschlussarbeiten, wissenschaftlichen Aufsätzen, Dissertationen und Fachbüchern.

Besuchen Sie uns im Internet:

http://www.grin.com/

http://www.facebook.com/grincom

http://www.twitter.com/grin_com

Das Sportsystem China

Modul SA03: Internationaler Vergleich von Sportsystemen

Von: Christian Stephani

27.05.2010

Um das Sportsystem China zu beleuchten, ist es zunächst erforderlich einen Überblick über die Geschichte Chinas und die politischen Rahmenbedingungen zu geben, die in China vorzufinden sind.

China ist eine der ältesten Zivilisationen und Hochkulturen der Menschheit. So reichen erste Überlieferungen 3500 Jahre zurück. Von 221 v. Chr. - 1911 bestand China als Kaiserreich. Zwar gibt es auch Hinweise über bereits früher vorhandene Dynastien, diese sind geschichtlich allerdings nicht klar überliefert. Im Jahre 1912 wurde die letzte Dynastie gestürzt und die Republik China ausgerufen. Diese Zeit war geprägt durch die beiden Weltkriege, den Konflikt zu Japan und durch die Bürgerkriege innerhalb von China. In diesen Bürgerkriegen setzte sich letztendlich die Kommunistische Partei durch und rief im Jahre 1949 die Volksrepublik China aus, die noch bis heute besteht. Ihre Gegner wurden nach Taiwan vertrieben, die ihrerseits dort die Republik China gründeten, wodurch bis heute ein Konflikt zu Taiwan besteht.

Politisch geführt wird die Volksrepublik China bis heute von der Kommunistischen Partei (KP). Die Partei versteht China als „sozialistischen Staat unter der demokratischen Diktatur des Volkes", wie es auch in der chinesischen Verfassung niedergeschrieben ist. Staatsoberhaupt ist der Staatspräsident, der gleichzeitig das Oberhaupt der Kommunistischen Partei ist und repräsentative Aufgaben übernimmt. Die Gesetzgebende Institution ist die Nationalversammlung, die aus 3000 Abgeordneten besteht, wovon 2/3 Mitglieder der KP sind. Somit steht China im Grunde unter der Alleinherrschaft der KP, da keine Gewaltenteilung und keine Kontrolle der politischen Macht vorhanden sind. Zudem versteht sich China als „Einparteisystem". Zwar existieren acht demokratische Parteien, allerdings sind diese der KP untergeordnet und können keinerlei Einfluss ausüben.

Einerseits ist China heute durch ein immenses Wirtschaftswachstum, andererseits aber auch durch politische Korruption, soziale Ungleichheit und massenhafte Landflucht geprägt. Zudem ist die Meinungsfreiheit im Land eingeschränkt, da die Medien kontrolliert werden.

Die Rolle des Sports in der Geschichte Chinas lässt sich wie folgt darstellen:

In der Kaiserzeit galt der Sport als Bewegungskultur. Dementsprechend war nicht der Sieg, sondern das Erreichen einer größeren Moral ein erstrebenswertes Ziel des Sporttreibens.

Anfang des 20. Jahrhunderts hatte der Sport in China zunächst eine geringe Bedeutung. Es galt nach wie vor das traditionelle Sportsystem, in dem keine Wettkämpfe ausgetragen wurden und in der Mehrzahl nur Wushu, ein traditioneller Kampfsport, Bogenschießen und Polo ausgetragen wurden.

Im Jahre 1922 wurde daraufhin das Schulsystem reformiert, um die Gesundheit der chinesischen Bevölkerung zu fördern. Denn Chinesen wurden zu diesem Zeitpunkt durchschnittlich nur 37 Jahre alt. So wurden 1-2 Stunden Sport/ Woche für beide Geschlechter verpflichtend. Auch der Leistungssport erhielt erstmals eine größere Bedeutung, was dazu führte, dass im Jahre 1932 der erste Chinese zu den olympischen Spielen geschickt wurde und man sich der Welt erstmals über den Sport öffnete. Im Jahre 1952 allerdings zog man sich wieder von dem olympischen Spielen zurück, da das IOC Taiwan nicht von den Spielen ausschloss und die damalige Regierung Chinas nicht bereit war die „Zwei-China-Politik" des IOC zu akzeptieren.

Dennoch blieb Sport Teil der kommunistischen Erziehung in China: So wurde im Jahre 1956 ein Spitzensportsystem eingeführt und die Nationalspiele, die bis heute eines der wichtigsten Sportereignisse in China sind, wurden im Jahre 1959 erstmals ausgetragen.

International ist der chinesische Sport erst im Jahre 1971 wieder in Erscheinung getreten. So öffnete man sich über den Sport erstmals wieder der Welt, indem ein chinesisches Team zu den Tischtennisweltmeisterschaften geschickt wurde. Dies ist bis heute unter der sog. „Ping-Pong-Diplomatie bekannt und entschärfte die Beziehungen zwischen China und den USA.

Im Jahre 1984 wurde erstmals wieder eine Mannschaft zu Olympia entsandt. China konnte in Los Angeles erstmals Erfolge bei Olympia erzielen und gewann 15 Goldmedaillen. Auch die Folgezeit war durch einen steigenden sportlichen Erfolg geprägt. Sport wurde genutzt, um die Modernität und Leistungsfähigkeit Chinas zu zeigen und innerhalb des Landes den Nationalstolz zu wecken, weshalb der Staat mehr und mehr dazu über ging den Leistungssport finanziell zu fördern und auch europäische Trainer nach China zu holen. Diese Entwicklung wurde durch die Vergabe der olympischen Spiele an China im Jahre 2001 noch verschärft. So wurden bis 2001 jährlich ca. 1,57 Mrd. € in den Sport investiert, was in den Folgejahren erhöht wurde und im Jahr 2008 einen Förderungsbetrag von ca. 2,65 Mrd. € erreichen sollte. Ein weiterer wichtiger Punkt in der Sportgeschichte Chinas ist die 1993 vorgenommene Reform des Sportsystems, welche eine höhere Eigenständigkeit des Sports durch die Kommerzialisierung der Ligen und Vereine einläuten sollte. Zudem wurde ein verbindlicher Verteilungsschlüssel für die Einnahmen der Sportler eingeführt.

Dem hohen Erfolgsstreben der Chinesen ist es zu verdanken, dass Sport jeder Bevölkerungsschicht gewährt wird. Besonders im Fokus lag dabei bis zu den Spielen 2008 allerdings die Förderung des Hochleistungssports, weshalb weniger talentierte chinesische Breitensportler lange Zeit keine guten Bedingungen vorfanden. Auch der Frauensport und kleine medaillenträchtige Sportarten wie Tischtennis, Schießen, Gewichtheben oder Rudern waren von hohem politischem Interesse, da man sich hier sehr schnelle Erfolge versprach. Die Förderung von Frauen wurde damit begründet, dass dies in vielen Ländern dieser Welt vernachlässigt wird und Frauen ohnehin leichter zu führen seien als Männer, weshalb man sich von den Frauen besonders hohe Erfolgsaussichten versprach. Dieses Sportförderungssystem, was in der Folge noch näher vorgestellt wird, ist allerdings mit einer Reihe an Problemen behaftet:

So werden Kinder bereits im Alter von fünf Jahren dem Elternhaus entzogen und müssen ihre Kindheit für die sportliche Karriere und den Erfolg des Landes opfern. Besonders problematisch daran ist, dass in der jüngeren Vergangenheit die schulische Ausbildung in den Sportschulen viel zu kurz kam, und somit die heranwachsenden Sportler kaum eine Perspektive für die Zeit nach ihrer aktiven Laufbahn hatten. Zudem ist die Ein-Kind-Politik problematisch für China. So geben die Eltern ihre Kinder lange nicht mehr so bereitwillig für den Sport her, da aufgrund der guten Wirtschaftslage in China die Eltern die Möglichkeit für ihr Kind erkennen auch durch eine gute Ausbildung beruflich erfolgreich zu werden.

Zwei weitere große Probleme im chinesischen Sport sind die Sportfunktionäre und das Thema Doping. So setzen die Funktionäre die Athleten unter enormen Druck, da sie ihre eigene Karriere durch den Erfolg der Sportler pushen können, weshalb die Athleten teilweise gezwungen werden den Sport auszuüben und auch erpresst werden. Zudem ist allseits bekannt, dass in China eine Vielzahl an illegalen Medikamenten hergestellt wird, weshalb die Erfolge Chinas immer unter Vorbehalt zu bewerten sind.

Die schwerpunktmäßige Förderung des Leistungssports bewirkte zudem, dass im Jahre 1996 nur 15,5% der chinesischen Bevölkerung regelmäßig sportlich aktiv, 17,8% gelegentlich sportlich aktiv und ganze 66,7% überhaupt nicht sportlich aktiv waren. Neben der geringen Beachtung des Breitensports, hängt dies aber auch mit der hohen Ungleichheit der chinesischen Bevölkerung zusammen. Ein Großteil der Chinesen lebt unter ärmlichen Verhältnissen, weshalb andere Punkte im Mittelpunkt stehen, als sich sportlich zu betätigen.

So überrascht es weniger, dass die Altersgruppe zwischen 16-20 Jahren am häufigsten und die Altersgruppe zwischen 36-45 am wenigsten Sport treibt, da diese mitten im Berufsleben stehen und ihre Familien versorgen müssen. Zudem überrascht es nicht, dass mit steigendem Bildungsniveau die Sportteilnahme zunimmt, da diese Bürger meist über mehr Geld und Zeit verfügen als weniger gebildete Menschen. Zu erwähnen ist allerdings, dass sich durch eingeleitete Maßnahmen der Regierung, die an anderer Stelle thematisiert werden, die Zahlen bis zum Jahr 2000 schon leicht verbessert haben: So trieben im Jahr 2000 bereits 18,3% der Chinesen regelmäßig Sport.

Beliebteste Sportarten der Chinesen waren dabei, laut einer repräsentativen Befragung im Jahr 2008, Jogging/Walking (38%), gefolgt von Badminton (30%), Basketball (25%), Tischtennis (22%), Schwimmen (18%) und Fußball (17%). Bemerkenswert daran ist, dass die eher westlichen Sportarten wie Basketball oder Fußball immer beliebter werden. Die traditionellen chinesischen Kampfsportarten haben es mit 5% nur noch auf Platz 10 der bevorzugten Sportarten geschafft und rücken somit immer mehr in den Hintergrund.

Dieses Bild setzt sich auch bei den bevorzugten medialen Sportarten fort: So bevorzugen 60% der Chinesen Fußball im TV. Dies überrascht ein wenig, da China wenige Erfolge im Fußball aufweisen kann und die Chinesen auch weniger an der inländischen Liga interessiert sind, sondern viel mehr am europäischen Fußball, allen voran der englischen Premier League, der spanischen Primera Division und der deutschen Bundesliga. Auf Platz 2 folgt mit dem Basketball (53%) erneut eine westliche Sportart. Dies lässt sich allerdings damit begründen, dass der Center-Spieler Yao Ming sich zu einem Star in der amerikanischen Profiliga, der NBA, gemausert hat und er neben dem Leichtathleten (Platz 10 der bevorzugten medialen Sportarten) Liu Xiang einer der berühmtesten Staatsbürger ist. Mit deutlichem Abstand folgen mit Tischtennis (35%), Volleyball (26%), Schwimmen (20%), Badminton (14%) und Tennis (10%) Sportarten, in denen die Chinesen schon lange Zeit erfolgreich sind.

Die Organisation des Sports in China stellt sich strukturell so dar, dass sich darin das politische System wiederspiegelt: So steht auch an der Spitze des Sports die Zentralregierung Chinas, vertreten durch die Generalverwaltung für Sport (SSGA), die sozusagen eine Art Sportministerium darstellt. Die SSGA teilt sich in verschiedene Ämter auf. Das Wichtigste ist das Amt für Wettkampfsport, welches sich um die Belange des Hochleistungssports kümmert, indem es u.a. die Nationalkader aufstellt, über das Ausmaß der Förderung von Sportarten entscheidet etc. Zudem ist in die SSGA das Chinesische Olympische Komitee integriert. Somit ist im Unterschied zu den westlichen Nationen das olympische Komitee nicht unabhängig und selbstständig, sondern ein staatliches Organ. Diese Integrierung in die SSGA soll so lange bestehen bleiben, bis der Wandel zur Sportselbstverwaltung vollzogen ist. Dieser Wandel ist geplant, um die staatlichen Mittel für den Sport zu verringern. Dementsprechend steht der Sport in China unter einem Professionalisierungsdruck. Erst im Jahre 1994 ist der Fußball als erste Sportart professionalisiert worden, indem ein Ligensystem erstellt wurde. Dies hatte aber weniger mit der Popularität des Fußballs, sondern vielmehr mit der geringen Wahrscheinlichkeit zu tun, sportliche Erfolge im Fußball zu erzielen. Daher war das Risiko für den Staat zu hoch, dass sich die Finanzspritzen nicht lohnen würden. Deshalb sollte durch das Ligensystem ein Wechsel zur Selbstfinanzierung der Sportart Fußball erfolgen. Sportartübergreifend ist dieser Wechsel allerdings noch nicht vollkommen abgeschlossen. So besteht bspw. im Tischtennis erst seit 1998 ein Ligensystem und oftmals findet man in den Sportarten noch eine Mischung aus staatlicher Finanzierung und Selbstfinanzierung vor. Wie diese Ausführungen zeigen fällt die Kommerzialisierung des Sports bis heute sehr schwer, da in vielen Regionen keine ausreichenden wirtschaftlichen Bedingungen vorhanden sind und es zudem oftmals an der Basis selbstorganisierter Vereine fehlt.

So zeigt sich auch in den übrigen Organisationsstufen, dass nach wie vor der Staat sich um die Belange des Sports kümmert:

Unterhalb der SSGA sind die Sportarten in China in einem 3-Ebenen-Managementsystem organisiert. Ebene 1 stellen die 23 bestehenden nationalen Sportverbände dar, die ebenfalls noch wie das COK in Verwaltungszentren integriert sind und dadurch unter der Leitung der SSGA stehen. Deren Aufgabe ist die Förderung der jeweiligen Sportart. Ebene 2 sind die teilweise noch im Aufbau befindlichen Provinzverbände, die ebenfalls in Koexistenz zu Sportverwaltungen bestehen und sich als Mitglied im jeweiligen Nationalverband um die Sportart auf Provinzebene kümmern. Neben den Provinzen gibt es militärische, betriebliche oder universitäre Organisationen, die eigene Mannschaften stellen und auch Mitglied des Nationalen Verbandes sind. Ebene 3 sind die Sportverbände der Städte und Kreise. Die Organisationsstruktur ist analog zum Provinzverband aufgebaut. Dadurch steht auf dieser

Ebene die Organisation von Wettkämpfen und Mannschaften auf Kreis- bzw. Stadtebene im Fokus. Es sei allerdings erwähnt, dass diese Ebene vielerorts in China nicht existiert.

Betrachtet man sich daraus ableitend die Organisationsstruktur des Breiten-, Schul- und Hochleistungssports, zeigt sich in China folgendes Bild:

Der Breiten- und Schulsport steht bzgl. der Förderung bis heute im tiefen Schatten des Hochleistungssports. Dabei trat bereits im Jahre 1995 ein Sportgesetz der VR China in Kraft, durch das das Nationale Fitnessprogramm ins Leben gerufen wurde. Das Programm, welches von der SSGA organisiert wird, hat bis heute das Ziel schrittweise eine Bewegungskultur in China aufzubauen, die sich positiv auf das Gesundheitsbewusstsein der Bevölkerung auswirken soll. Dabei soll zudem eine entsprechende Breitensportinfrastruktur geschaffen werden. Die wichtigste Zielgruppe des Programms stellen die Kinder und Jugendlichen dar. So haben diese seit der Einführung des Programms in der Schule eine tägliche Sportstunde und müssen einmal jährlich an einem Gesundheitstest teilnehmen. Zudem fördert die SSGA die Gründung von Sportvereinen, welche in der Vergangenheit kaum vorhanden waren. Finanziert wird das Programm durch die Sportlotterie. Im Jahre 2005 wurden bspw. 27 Mio. € in das Programm gesteckt.

Wie bereits erwähnt, hat der Hochleistungssport in China traditionell einen deutlich höheren Stellenwert. Ausschlaggebend dafür war ein Verfahren, welches bereits in den 60er Jahren eingeführt wurde: Das Verfahren „Juguo Tizhi" (Ein ganzes Land unterstützt den Hochleistungssport) ist durch eine pyramidenförmige Struktur geprägt und erhielt durch den Beschluss der olympischen Strategie im Jahre 1985 und der Vergabe der Spiele an China im Jahre 2001 letztendlich noch größere Bedeutung: So werden auf der untersten Ebene talentierte Kinder systematisch gesucht und bestimmten Sportarten zugeordnet. Dadurch erreichte man, dass das Sportschulensystem noch effektiver ausgenutzt werden konnte. So erreichen ca. die besten 10 % der Kinder die nächste Stufe und werden zu professionellen Athleten, indem sie in die Provinzmannschaften aufgenommen werden. Die besten daraus wiederum werden in die Nationalmannschaft aufgenommen, aus der im Endeffekt die Athleten für den Olympiakader gesucht werden. Trotz der hohen Erfolge der Chinesen wird das System, aufgrund der bereits genannten Missstände, weltweit sehr kritisch gesehen, auch wenn die Trainingsmethoden, nicht zuletzt durch die europäischen Trainer, heute ein wenig entschärft wurden. In China allerdings wurde und wird das Verfahren aufgrund der chinesischen Kultur nahezu kritiklos angenommen.

Durch diese enorme Sportförderung sind in den letzten Jahrzehnten auch eine Reihe an Sportstätten entstanden. In den Jahren 84-99 waren es bspw. 7000 neue Sportstätten, die von den Sportverwaltungen der jeweiligen Verwaltungsebene finanziert und verwaltet werden. Der Großteil dieser Anlagen ist allerdings für den Leistungssport errichtet worden, weshalb viele dieser Anlagen von Sportschulen, Unternehmen oder dem Militär betrieben werden. Dabei besitzt China alleine 260 erstklassige Trainingszentren für den Hochleistungssport und 37 Sportforschungsinstitute. Dementsprechend mussten, wegen der erstklassigen Leistungssportinfrastruktur, nur 19 der 37 Sportstätten für Olympia 2008 neu errichtet werden. Besonders eindrucksvolle Sportstätten in China sind das Nationalstadion Peking (Vogelnest), das Schwimmzentrum (Wasserwürfel), das Stadion Shenyang und das Stadion Shanghai. Im Breitensport hingegen hat China bzgl. der Infrastruktur noch einiges zu verbessern und ist seit dem erfolgreichen Ende der olympischen Spiele dabei seine Investitionen in diesen Bereich zu verlagern.

Die gute Leistungssportinfrastruktur sorgte dementsprechend auch dafür, dass in den letzten Jahren mehr und mehr sportliche Großereignisse in China stattfanden. Hier zu nennen sind die olympischen Spiele 2008, bei denen China 51 Mal Gold gewann, die FIFA Frauen WM 2007, die China bereits zum zweiten Mal nach 1991 austrug, sowie der seit 2004 jährlich stattfindende Formel 1 Grand Prix von Shanghai. Für die Chinesen das wichtigste Sportereignis sind allerdings die alle 4 Jahre stattfindenden National Games, welche eine Art nationale Olympiade darstellen. Diese wurden allerdings im Jahre 2005 von zahlreichen Korruptionen überschattet, weshalb die letzten Spiele 2009 mit geringen Zuschauerzahlen in den Stadien zu kämpfen hatten.

Auch ein Sporttourismusmarkt ist in China vorzufinden, der allerdings noch in seinen Anfängen steckt. Es lässt sich aber feststellen, dass China laut Angaben der WTO bereits auf Platz 5 der beliebtesten Urlaubsziele ist und bis 2020 jährlich 130 Mio. Menschen China bereisen werden. Sporttourismus entsteht dort seit Mitte der 90er Jahre. So werden auch in China mittlerweile Outdoor-Aktivitäten immer beliebter, weshalb auch die Zahl spezifischer Outdoor-Sportartikelgeschäfte immer weiter zunimmt. Zudem brachte der Wohlstand auch den Golftourismus nach China, wodurch es heute schon über 400 Golfplätze in China gibt. Insgesamt lässt sich festhalten, dass dieser Markt in China ein hohes Entwicklungspotenzial aufweist.

Literaturverzeichnis

Diegel, H. (2003): Hochleistungssport in China. Bräuer Verlag, Weilheim, Teck.

Diegel, H. (2008): China - die neue sportliche Supermacht?. Online:
http://www.ekd.de/kirche-und-
sport/daten/SportlicheSupermachtChinaProfDrHelmuDigel.ppt

Diegel, H. et al. (2006-2008): China Journal-Sport und Gesellschaft in China. Online:
http://medien2.ifs.sozialwissenschaften.uni-
tuebingen.de/ifs/institutsinfo/veroeffentlichungen/china-journal/index.html

Heilmann, S. (2008): Das politische System Chinas. Online:
http://www.bpb.de/themen/0O2TQZ,0,Das_politische_System_Chinas.html

Schültke, A. (2008): Sport in China. Online:
http://ard.ndr.de/peking2008/land_und_leute/geschichte304.html

Voigt, B. (2008): In der Planwirtschaft des Sports. In: Tagesspiegel vom 08.03.2008. Online:
http://www.tagesspiegel.de/sport/Olympia-2008;art272,2490611

Voigt, B. (2008): China trainiert für Olympia -Das Sportsystem im Reich der Mitte. Online:
http://www.bpb.de/themen/QBYSY2,0,0,China_trainiert_f%FCr_Olympia.html

Yongmei, C./ Zheng, M.(2008): Sportförderung in China -Der hohe Preis der staatlich
organisierten ‚Medaillenproduktion' . Online:
http://www.epochtimes.de/articles/2008/08/24/330185.html

Yue, Z. (2010): Outdoor-Sport in China. Online:
http://www.chinapictorial.com.cn/gr/se/txt/2009-09/02/content_214625.htm